Como Descubrir Ideas de Negocios Rentables

Angel Miquel Pino

Advertencia:

Este libro se ha creado con fines informativos únicamente.

Queda entendido que ni el autor ni la empresa que publica está ofreciendo servicios o asesoramiento financiero, legal, psicológico ni de ningún otro servicio y/o asesoramiento profesional.
Si necesita asistencia de un experto o necesita asesoramiento, contrate los servicios de un profesional competente en el área.

¡Finalmente! Una guía práctica para principiantes que explica **paso a paso** cómo comenzar su negocio.

No más procedimientos o consejos confusos. **Encuentra ya una idea** para comenzar un **negocio rentable**.

Un sistema **fácil** de aplicar para ayudarte a encontrar tu idea de negocio, así como también a tus clientes.

Sin importar:
- que no tengas ninguna idea.
- si nunca has comenzado un negocio.
- si tienes demasiadas ideas.

Mucha gente comenta que quiere empezar un negocio.

Y dicen cosas como "Un día de estos voy a empezar", "Lo voy a hacer, solo necesito descifrar cómo", "No se me ocurre nada con lo que pueda hacer dinero extra".

Los días, los meses y en muchos casos los años transcurren y **no empiezan nada**.

El problema no es que no queramos empezar un negocio.
El problema es que no sabemos dónde empezar.

Hay muchas cosas que nos impiden comenzar, no tener suficiente dinero, no tener tiempo, etc. Pero si somos honestos, la parte más difícil de empezar un negocio es encontrar una idea que sea rentable.

Y no puede ser cualquier idea. Hay muchas estafas y falsas promesas que solo conllevan a perder nuestro tiempo y nuestro dinero.

Es por esto que decidí crear este libro. En el mismo he incluido estrategias **comprobadas** para ayudarte a encontrar esa primera idea de negocio rentable.
Una idea que te ayude a empezar a generar ingresos adicionales cuanto antes.

Ya es hora de dejar de esperar que esa idea caiga del cielo.

Lo que aprenderás cuando obtengas este libro:
- 10 pasos para crear el **negocio de tu vida**.
- Diferentes estrategias altamente efectivas para generar ideas rentables, aunque no tengas experiencia en los negocios.
- Una estrategia para explotar tus habilidades y descubrir más de 20 ideas potenciales para hacer dinero, aun cuando tú pienses que no tienes habilidades que son rentables.
- Las 5 preguntas que te debes hacer antes de ir en búsqueda de tu idea.
- Cómo capitalizar el éxito de otros negocios rentables a tu favor.

- Cómo convertir tu cerebro en una fábrica de ideas de negocios.
- Los pasos para romper con los bloqueos y/o excusas que te impiden empezar tu negocio.

¡Y mucho más!

Este libro es ideal para ti, si:
- **Estás listo (a) para empezar a ganar más dinero**.
- No estás seguro (a) de cuáles son las habilidades que posees por las cuales otras personas estarían dispuestas a pagarte dinero. ¿Cómo descubrir esas habilidades?
- Has estado saltando de idea en idea, pero ninguna se concreta.
- Quieres empezar a **ganar dinero extra**. Puede que lo hayas intentado antes, pero te sientes estancado (a).
- Estás dispuesto (a) a hacer el trabajo, pero necesitas conocer cuáles son los pasos para obtener resultados.

Es hora de actuar y comienza de una vez por todas ese negocio que tanto has deseado tener.

Importante:

Una parte muy importante del material de este libro está complementada con contenido en video. Para ver el material complementario de manera totalmente gratuita, visita:

www.alcanzatussuenos.com/ideas

Ingresa tus datos y tendrás acceso inmediato.

Tabla de Contenidos

Cómo convertir una idea en un negocio exitoso.......................... 7
¿Qué son las ideas? 10
El proceso para la creación de ideas exitosas.......................... 12
Las 5 técnicas para hallar la idea correcta 14
La técnica del feedback: Habla sobre tus ideas con otras
    personas.. 26
Los aniquiladores de las buenas ideas 39
Cultiva la creatividad con estos sencillos consejos................... 46
Elementos que harán de tu idea un negocio exitoso 50
Experiencia y pasión: Combustibles para las ideas exitosas .. 53
Utiliza un capital pequeño para comenzar................................. 56
Copia y combina ideas.. 59
¿Cómo llevar mi idea a la realidad? 61
Las ideas más comerciales son las que satisfacen un
    deseo profundo 64
10 pasos para crear el negocio de tu vida................................. 67
Conclusión 70
Lectura Recomendada:... 71

Cómo convertir una idea en un negocio exitoso

La mayoría cree que las personas exitosas son solamente aquellas que han sido bendecidas por un golpe de suerte, tienen un coeficiente intelectual muy superior a la media o simplemente han trabajado todo el tiempo, perdiéndose de las cosas importantes de la vida.

Pues la verdad es que para convertirse en una persona exitosa solo hay que pensar en la idea correcta. Tal como lo dijo hace dos siglos el novelista francés Víctor Hugo: "Las que conducen y arrastran al mundo no son las máquinas, sino las ideas".

Los negocios más lucrativos y más reconocidos en la historia de la humanidad surgieron después del nacimiento de una idea en la cabeza de sus creadores. Somos capaces de crear 60 mil pensamientos al día, a la semana serían unos 420 mil pensamientos compuestos por ideas, opiniones, recuerdos y suposiciones que puedes ponerlos a trabajar a tu favor.

Como hemos dicho, el primer gran paso hacia el éxito es pensar en la idea que te llevará a él, y el proceso no necesariamente tiene que ser tortuoso. Tal como le sucedió al matemático griego Arquímedes de Siracusa, reconocido mundialmente por la expresión ¡Eureka!, que traducido al español vendría siendo algo similar a ¡Lo descubrí!

Poco saben que a Arquímedes le vino a la mente la idea que resolvería el dilema del volumen de los cuerpos en el agua cuando él mismo se encontraba sumergido en su propia bañera plácidamente.

Si él lo logró hace miles de años, ¿qué nos impide a nosotros ahora tener una idea fantástica?

Lo importante es no subestimarnos y comenzar a darle riendas sueltas a nuestra imaginación, a pesar de que las ideas que tengamos parezcan muy descabelladas.

Las ideas más revolucionarias han tenido siempre una sombra tras ellas que las hace percibirse como imposibles a primera vista, pero cuando alguien trabaja parar materializarlas aunque parezcan una locura, la idea va tomando características que la acercan a la realidad hasta convertirse en perfectamente posibles. Si no fuera así, ¿cómo el hombre hubiese llegado a la luna?

"Un hombre con una idea nueva es un loco hasta que la idea triunfa", dijo un día Mark Twain, escritor y periodista estadounidense; ¡cuánta razón tenía!

Las grandes ideas, muchas veces, vienen aderezadas de experiencias, pasión y unas ganas enormes de resolver un problema que te afecta a ti mismo o a otros. También, tras el nacimiento de una gran idea, se anteponen ideas previas que no son tan buenas, pero que sirven para perfeccionar la que viene detrás.

La mayoría de los grandes empresarios han comenzado con una idea rudimentaria, pero altamente lucrativa en su esencia. Posiblemente nadie confiaba en ella, nadie la había pensado de esa manera o nadie se había arriesgado a extrapolar esa idea más allá de sus mentes, hasta que por fin llega la persona que confía y la vuelve real.

Estas personas han sabido interpretar todas las ideas que se les ocurren y escoger dentro del gran cúmulo de ideas primarias la más fuerte, la que más valor tiene, la que haría un verdadero cambio en la manera de vivir de la gente.

Así lo hizo Thomas Edison en el siglo XIX al ser el primero en crear bombillas incandescentes comercialmente viables, es decir, que su costo de fabricación no superaba al de venta. Después de esto, las velas y los candelabros de las casas comenzaron a desaparecer, así como las quemaduras accidentales que se producían por la necesidad de tener siempre fuego a la mano para iluminar cualquier espacio.

A través de este libro, te motivaremos para que pienses y lo hagas mucho sin forzar a niveles extenuantes tu mente; encontrarás la manera más sabia de separar las ideas buenas de las que no lo son en la práctica y sabrás cómo convertir esa idea en un gran negocio que, además de proporcionarte jugosos dividendos, ayudará a tus posibles clientes a amarla porque representará una mejora para sus propias vidas.

¿Qué son las ideas?

Podemos entender el concepto de idea como la representación mental de cualquier cosa, sin importar que sea real o irreal. Es todo aquello que configuramos en nuestra mente, le damos forma, sentido, color, utilidad, etc., después de que hemos estado expuestos a situaciones o fenómenos previos. Es decir, si no tenemos conocimiento el más básico de algo, es imposible que tengamos una idea sobre eso.

De allí viene esa frase universalmente usada para describir que no tenemos conocimiento sobre algún tema: "Ni idea" o "No tengo idea".

A medida que crecemos vamos almacenando en nuestra mente imágenes que recogemos de lo que percibimos a lo largo de nuestras vidas, bueno, malo, lo que sea, lo vamos absorbiendo y aprendiendo.

Estas imágenes son capaces de guardarse con las sensaciones que nos produjeron cuando ocurrieron en la realidad; es decir, podemos recordar la forma de un trozo de hielo y saber que es frío, la estructura de las flores y saber que nacen con hermosos colores y emiten agradables fragancias. Tenemos idea de todo lo que hemos visto, oído, tocado, saboreado y olido.

La magia comienza cuando tomamos alguna idea de lo que hemos percibido del mundo y le damos un enfoque o una utilidad diferente a la que siempre ha tenido; en ese momento nos convertimos en creadores de ideas nuevas, que sin duda tendrán el poder de influir en nosotros mismos y, si te lo propones, en los demás.

Según los expertos, las ideas están relacionadas con el ingenio para disponer o inventar una cosa. Todos tenemos ese poder porque todos somos capaces de producir ideas, no importa que te sientas una persona poco creativa o tengas alguna discapacidad motora; lo importante para la creación de ideas es que tengas un cerebro en funcionamiento.

Ni siquiera tienes que estar cuerdo, tener una mente sana o equilibrada para tener buenas ideas, puesto que muchas personas con algunos desórdenes mentales y limitaciones físicas se han catapultado en la historia como ingeniosos creadores de ideas fantásticas que aún seguimos admirando.

En ese grupo tenemos a Albert Einstein e Isaac Newton, quienes aseguran sufrieron del síndrome de Asperger, pero fueron grandes científicos que proporcionaron al mundo invaluables conocimientos sobre matemáticas y física; por otro lado, tenemos al gran músico alemán Ludwig van Beethoven, quien, a pesar de su discapacidad auditiva, fue capaz de crear poderosas melodías que hoy consideramos glorias de la música clásica.

El proceso para la creación de ideas exitosas

La creación de ideas es un proceso natural en el ser humano, nacemos con la habilidad de que nuestro cerebro, a medida que crecemos, vaya formando más ideas, haciéndonos más consciente de la realidad circundante y, por consiguiente, más sabios, más creativos, más innovadores.

Las ideas no piden permiso para salir, pueden surgir en cualquier momento y debes estar alerta y, si es buena, debes estar dispuesto para atajarla. Lamentablemente, cuando las buenas ideas aparecen no se quedan grabadas en nuestra cabeza tal cual como vinieron; por ello es que los escritores, los artistas y los empresarios siempre deben tener lápiz y papel a mano para anotarlas cuando aparezcan, pues si vienen a la mente y no las apuntan puede ser que más nunca las recuerden.

Las personas tienen más actividad cerebral en distintos momentos del día; unas pueden crear ideas nuevas durante el día, mientras que a otras les resulta más fácil tener buenas ideas en la noche. Unas pueden ser más creativas durante viajes, otros durante períodos de relajación. El primer paso para descubrir una idea exitosa es saber en qué momento del día tu cerebro está más dispuesto a hacer ideas.

Muchas ideas fabulosas fueron escritas sobre servilletas y casi con letra ininteligible por el apuro que trae consigo la fugacidad de las buenas ideas. Así le ocurrió a la multimillonaria británica Joanne "Jo" Rowling, autora de los libros de Harry Potter.

En una entrevista, ella comentó que varios capítulos del primer libro de la saga los escribió en servilletas mientras viajaba en tren. Ahora ella es considerada una de las mujeres más ricas del mundo, superando a la reina de Inglaterra, después de que en sus comienzos no tenía dinero ni para sacarle copias a sus manuscritos.

Las 5 técnicas para hallar la idea correcta

Ya sabes que el proceso de crear ideas es inherente y natural del ser humano, pero a veces pasamos por momentos en que no somos capaces de encontrar ideas fabulosas y nos estancamos en problemas a los que no encontramos solución posible. Ante estos episodios de estancamiento y poca creatividad, es necesario que implementes estos simples consejos para hacer que tu mente corra sin ningún problema.

- **Permítele a tu cerebro descansar**

Una mente cansada es inútil, difícilmente podrá trabajar para crear cosas nuevas ni resolver problemas complicados. Asegúrate de que estés durmiendo al menos ocho horas diarias, sin interrupciones que hagan que te desveles por mucho tiempo.

A través del sueño, el cerebro descansa y se llena de energía para afrontar las situaciones del día siguiente. Las personas que no duermen bien sufren de fatiga, dolor de cabeza y déficit de atención; estas afecciones son poderosos eliminadores de las ideas.

Por ejemplo, si te siente fatigado, tu cerebro no puede trabajar al 100 por ciento porque lo que busca es un momento para descansar. Los terribles dolores de cabeza impiden que el cerebro piense en otra cosa más que en el dolor, y si presentas un cuadro de déficit de atención, tu cerebro no estará alerta para agarrar las buenas ideas que cree en determinadas situaciones.

Ante una sequía de ideas o un problema imposible, es mejor descansar. Incluso, el dormir bien puede ser la clave para que se te encienda el bombillo. Muchos expertos aseguran que la mente subconsciente creativa es más productiva cuando duermes, ya que el cerebro analítico está apagado.

Aunque no lo creas, puedes programar tu cerebro para que cuando estés dormido busque la idea correcta o encuentre la solución que tanto anhelas.

Pero, ¿cómo puedes pensar en una buena idea cuando estás dormido?

Aunque parezca descabellado, funciona como arte de magia, solo tienes que pensar en el problema o la idea que te falta antes de dormir y dale la orden a tu mente de buscar la solución mientras duermes.

Al despertar obtendrás lo que buscas, como si hubieses pedido que te lleven el desayuno a tu habitación, así parecerá tu gran idea.

Esta técnica funciona gracias al trabajo que realiza el subconsciente mientras la persona está dormida. Lo importante es programarlo, transmitirle el mensaje correcto para que mientras tienes un sueño reparador encuentre la idea.

Nuestro subconsciente trabaja debajo del umbral de la conciencia y se mueve por la intuición y deseos más primitivos; cuando estamos despiertos, esta parte de nuestro cerebro se encuentra bloqueada por el cerebro analítico que se comporta regido por la razón, las costumbres y lo ya establecido.

Cuando hablamos de descansar la mente no nos referimos solo a dormir, también es necesario dejar de atormentar a nuestro cerebro con un problema en específico, ya que de esta manera se verá obligado a producir ideas que al final no resultarán totalmente buenas.

Si queremos ideas de calidad, permítele que piense por intervalos de tiempos considerables en otra cosa fuera del problema.

Una técnica eficaz es pensar en el problema por un máximo de cuatro horas; en este período de tiempo debes enfocarte en imaginar el problema de manera intensa y sin interrupciones. Sí después de este tiempo de concentración no has podido hallar la idea correcta, no pienses más en el problema.

Permítele a tu cerebro tomar un poco de aire fresco haciendo otras cosas de tu vida diaria. Ve televisión, lee un libro, sal al parque, prepara la cena, cualquier otra cosa que mantenga tu mente alejada del problema inicial.
 Después de cuatro o cinco horas de descanso haciendo lo que quieras, siéntate a pensar de nuevo en el problema. Después de que tu mente se haya despejado de tanta presión estará más dispuesta a crear buenas ideas.

Si el problema aún no lo resuelves con un par de períodos de concentración intensa, no te frustres y trata de pensar ideas relacionadas con lo que quieras resolver al menos 30 minutos al día.

Puede llevarte varios días o semanas encontrar la idea que resolverá tu problema, pero la encontrarás, solo ten paciencia y confía en el poder de tu mente.

- **Preguntas Correctas = Ideas Correctas**

Formular las preguntas correctas representa la mitad del camino ganado hacia la idea triunfadora. Cuando hacemos preguntas muy abiertas, vagas o alejadas del objetivo, estamos simplemente perdiendo el tiempo porque nuestro cerebro no puede idear una respuesta satisfactoria a una pregunta que no entiende.

En el pasado, mucha gente se partió la cabeza pensando en la manera de hacer posible que una persona vuele, tal como lo hacen las aves. Muchos desarrollaron complicadas y grandes alas inútiles que pegabas a los brazos de las personas con el fin de que pudieran aletear y conseguir volar.

Ninguna de estas ideas tuvo éxito, hasta que a mediados de los años 1890, los hermanos Wright de Estados Unidos construyeron el primer aeroplano y volaron con éxito.
Quizás para ellos la pregunta correcta no fue ¿cómo podemos volar como un pájaro?, sino ¿qué máquina crear para que el humano pueda volar?

Como ves, hay que ser lo más específico posible en la creación de la pregunta y buscar varias alternativas de la misma que expliquen mejor lo que queremos saber. Una buena idea es reformular más de 10 veces la misma pregunta, al hacer esto puedes incluir y excluir elementos de tu interrogante para que sea más inteligible para tu cerebro; además, la creación de múltiples preguntas sobre un mismo asunto te permitirá ver el problema desde distintas perspectivas.

No te cuestiones en la creación de las preguntas. No pienses cosas como:

¿Cómo voy a preguntar esto si es imposible?,

¿cómo puedo imaginar esto si nadie más lo ha pensado?

Detén las críticas y el razonamiento a la hora de buscar preguntas y respuestas que te ayuden a crear una idea exitosa.

Otro tip importante en la formulación de preguntas es evitar la negatividad. Por ejemplo, en vez de preguntar ¿por qué mi colección de trajes de baño no se vende?, pregúntate:

¿Qué puedo hacer para que mi colección de trajes de baño se venda más?

Sé proactivo con tus preguntas y no solo cuestiona la existencia del problema, haz preguntas que además te permitan dilucidar soluciones.

Al crear preguntas de esta manera le estamos enviando a nuestro subconsciente material suficiente para que comience a trabajar en la dirección correcta, sin dudas ni vacilaciones. Recuerda que tu subconsciente no tiene la posibilidad de decirte que no entendió la pregunta ni pedirte que se la expliques; por ello, sé cuidadoso en formular interrogantes que al final se convertirán en órdenes para tu cerebro.

Otra técnica es hacerte preguntas que generen resultados más grandes.

Por ejemplo, te puedes preguntar: ¿Cómo puedo conseguir los resultados que me he planteado para los próximos 5 años en solo 6 meses?

O en el ejemplo anterior, en lugar de preguntarte:

¿Qué puedo hacer para que mi colección de trajes de baño se venda más?,

puedes intentar:

¿Qué puedo hacer para multiplicar mis ventas por 20 en solo un año?

Este tipo de preguntas hace que expandas los límites de tu mente y de lo que tú consideras posible. Te obliga a pensar en grande, a crear y a pensar diferente.

- **Haz más preguntas partiendo de tus propias respuestas:**

Esta técnica es muy usada por los niños a temprana edad, cuando están ávidos de conocimiento; se basa simplemente en el cuestionamiento repetitivo a través de preguntarnos el porqué de algo.

De seguro has intentado explicarle algo a tu hijo y cuando terminas la respuesta te hace otra pregunta cuestionándote la respuesta ya dada. Suena un poco exasperante, pero en lo que se refiere a la búsqueda de una buena idea es una técnica fantástica.

Para hacerla, plantéate una pregunta general, respóndela y crea la siguiente pregunta usando tu misma respuesta. Esto te ayudará a pensar en todas las dimensiones de tu problema. Es decir, pensarás en las dificultades más superficiales hasta llegar a los deseos más íntimos que te mueven a pensar en ese asunto.

Al final podrías sorprenderte de tus propias respuestas, porque es una manera incisiva de sacarte tus verdaderas motivaciones. Es como escarbar bien hondo hasta encontrar el hueso, si fueras un perro.

Por ejemplo, si tienes una pastelería y crees que una buena idea es incluirle chocolate a todos los productos que vendes, pregúntate:

1. *¿Para qué quiero que todos los productos de mi pastelería tengan chocolate?*
   Respuesta: *Porque a todos le gusta el chocolate y así mejorarán mis ventas.*

2. *¿Para qué quiero que mejoren las ventas?*
   Respuesta: *Para poder invertir más en mi propio negocio.*

3. *¿Para qué quiero invertir más en mi propio negocio?*
   Respuesta: *Para que perdure en el tiempo.*

4. *¿Para qué quiero que el negocio perdura en el tiempo?*
   Respuesta: *Para poder ser independiente económicamente.*

5. *¿Para qué quiero ser independiente económicamente?*
   Respuesta: *Para tener más tiempo para hacer las cosas que me gustan.*

- **Crea ideas para resolver varios problemas a la vez:**

Aunque te parezca contradictorio, mientras más soluciones a problemas tenga que buscar tu mente, más rápido las encontrará.

Cuando ponemos al cerebro a pensar en varias ideas a la vez, este se vuelve más activo; es decir, no tiene espacios para no pensar en nada, haciendo valer cada minuto que pasa con pensamientos creados a favor de resolver alguno de tus problemas.

No subestimes tu mente pensando que ya tiene bastantes dificultades para agregarle otra más, más bien rétalo y ponlo a trabajar en más de un problema a la vez.

De seguro tus padres te dijeron que si no puedes resolver el primer problema del examen pasa al otro sin perder tiempo, después de haber pensado en otra cosa quizás encuentres la solución al primero. Bueno así, más o menos, funciona esta técnica.

Los expertos dicen que las personas más exitosas son las que tienen más de un proyecto en la mente. Al tener muchos proyectos, el cerebro generará muchas más grandes ideas al mismo tiempo y trabajará al 100 por ciento porque no tendrá tiempo para el estancamiento.

Si se paraliza con el primer problema, busca soluciones para el siguiente; así seguirá hasta que encuentre las ideas para resolver todos sus proyectos.

En la medida en que encuentra mejores ideas, tendrá más inspiración, más experiencia y más entrenamiento para encontrar la solución a los primeros problemas.

- **Las buenas ideas vienen en imágenes:**

El cerebro trabaja como una película, y cuando se trata de pensar ideas innovadoras, busca hacer algo parecido a una de ficción, creando cosas que en la realidad no existen.

Las ideas funcionan de igual manera, vienen a nosotros como imágenes a todo color, movimiento y, algunas veces, hasta con aroma.

Los más exitosos creativos de la historia hicieron diagramas, esbozos y mapas mentales donde el dibujo, así sea básico y sin ningún tipo de talento, se convierte en un gran aliado.

Así lo hacía el genio del renacimiento Leonardo da Vinci, quien se consagró en las páginas de la historia como un talentoso polímata, es decir, amplio conocedor de campos diversos de la ciencia y las artes.

El cuaderno de notas de da Vinci estaba lleno de dibujos y símbolos, no porque era un excelente pintor, sino porque sabía que la mejor forma de preservar una idea nueva era tratando de representarla con formas.

¿Quién no recuerda al Hombre de Vitruvio, dibujado alrededor de 1490? Uno de sus más famosos bosquejos sobre el estudio de las proporciones ideales del cuerpo humano.

Nuestro cerebro no está acondicionado para pensar en letras o números naturalmente; esta es una manera de codificar las cosas que hemos aprendido a lo largo del tiempo. Su manera de aprender, asimilar y crear es a través de reproducciones audiovisuales y sensoriales.

Lo natural es que después de que creemos la imagen de nuestra idea, podamos describirla a través de las palabras en el idioma que hemos aprendido o con el sistema de numeración que nos han enseñado.

Cuando tengas una buena idea intenta reproducirla en imágenes, de esta manera se quedará mejor grabada en tu cerebro. Si bien anotar las ideas en un papel es importante para que no se nos escapen, es imprescindible que le otorgues forma y, si es posible, color para hacerla más poderosa y más real.

- **Elige la idea que tenga el potencial de atraer dinero:**

Plantéate pensar en ideas que pudieran darte un ingreso extra a tu bolsillo. Si la idea no es económicamente rentable, descártala porque no es la ideal para crear tu negocio. De nada sirve crear una idea que solo nos gusta a nosotros o solo es útil para nosotros mismos.

Para comenzar puedes preguntarte cómo puedes, mediante tu idea, ganar al menos 100 dólares a la semana, después cómo puedes generar 100 dólares diarios y finalmente cómo generar 100 dólares por hora.

Un buen inicio es que al menos consigas 100 dólares en la primera semana de implementación de tu idea; si lo logras estás recorriendo el camino correcto, considerando que solo estás invirtiendo poco tiempo y dinero.

De nada sirve que lleves a la realidad una idea que te traerá ganancias mínimas; tienes que pensar en grande, si no estás perdiendo tu tiempo porque ninguna persona exitosa gana 10 dólares por semana.

El siguiente paso es acelerar las ganancias y pensar cómo puedes ganar esa cantidad de dinero al día; quizás en esta etapa debas invertirle un poco más de tiempo y dinero a la aplicación de tu idea, pero si ganarás 100 dólares al día vale la pena, ¿no?

Al final del mes podrás tener una ganancia de 3000 dólares que no le caen mal a nadie. En esta etapa puedes estar varios meses porque la siguiente sí que requiere de tu máxima dedicación.

En la última etapa debes proponerte como meta ganar 100 dólares la hora de trabajo. Esto no quiere decir que por cada hora que pase del día vas a ganar 100 dólares, esto quiere decir que tu producto o servicio está tan madurado y es tan atractivo para tus clientes que están dispuestos a pagar esta cantidad de dinero por cada hora que inviertas en hacerlo.

Por ejemplo: si tu pasión es esculpir y has conseguido crear una técnica de tallado que deja con la boca abierta a todos, no vas a subvalorar tu trabajo entregándolo por una insignificante suma de dinero.

Debes considerar cuántas horas te llevará hacer una escultura majestuosa y al menos calcular 100 dólares por hora de trabajo. Si te llevó tres horas hacer el trabajo final podrías venderlo en 300 dólares, si te llevo 10 horas podrías valorarlo en 1000 dólares y así sucesivamente.

Llegar a esta etapa pudiese llevarte un par de años porque, además de tu buen trabajo, en este punto influye mucho la manera en que te des a conocer. Dicen que la mejor manera de darse a conocer es a través de las mismas recomendaciones de tus clientes, entonces trabaja para que ellos hablen bien de tu idea y la hagan conocer a los demás.

Claro, mientras esto sucede, puedes utilizar otras técnicas publicitarias más expeditas para comenzar a dar a conocer tu producto o servicio; lo normal es que uses los medios de comunicación y las redes sociales para promocionarte.

La técnica del feedback: Habla sobre tus ideas con otras personas

Los grandes pensadores de la historia sabían que compartir las ideas entre amigos, conocidos o simplemente personas que saben más sobre el tema es la clave para que comiencen a brotar muchas más buenas ideas del pensamiento humano.

Es por ello que la educación como la conocemos hoy en día es una simple técnica de conversación o monólogo que parte de una persona principalmente hacia muchas otras.

Después de planteada la idea inicial, las conversaciones que nacen al calor del debate hacen que nuestra mente se ilumine y empiece a entender ese nuevo concepto.

¿Por qué crees que la mayoría de los grandes genios de la historia eran profesores o conferencistas?

La palabra y su intercambio han hecho que nuestra especie evolucione mucho más rápidamente que las otras que existen en la tierra.

¿No te ha pasado que cuando hablas de tus problemas con alguien de confianza te sientes con más ánimos para seguir?

Esto sucede porque en el intercambio de ideas surgen opiniones, sugerencias y experiencias que te hacen ver el problema desde distintos puntos de vista, te hacen reconsiderar tu posición y te invitan a probar perspectivas diferentes.

Por todo eso, es bueno que si tienes una idea o la necesidad de una, la compartas con tu mundo exterior. Comienza con las personas con quien compartes tu día a día, puede ser algún familiar, amigo o compañero de habitación.

No caigas en la trampa de guardarte tus ideas porque los demás las pueden considerar absurdas, locas o sin sentido; te puedes sorprender de lo que piensa la gente sobre las novedades y los emprendimientos.

Buda decía: "Nunca he conocido a nadie tan ignorante del que no pudiera aprender algo". Esta reflexión, además de milenaria, es totalmente cierta; aunque creas que es inútil o una pérdida de tiempo hablar con alguien sobre tus ideas, puede que algo en la conversación sea realmente valioso, solo tienes que estar atento y no subestimar a tu interlocutor.

¿Por qué crees que para las grandes empresas o los políticos poderosos son tan importantes las encuestas?

Lo que piensen los demás de sus productos o gestión irremediablemente será la clave para continuar en sus negocios o proyectos.

Un gran empresario o político que no escuche con atención y táctica a sus seguidores está condenado al fracaso, porque no sabrá si lo que hace le gusta a la gente y no podrá implementar los cambios necesarios para que aquello que hace continúe teniendo éxito.

A veces no escuchamos críticas, sermones o largos discursos porque nos sentimos atacados o sobresaturados, pero si le damos la vuelta a todo aquello que consideramos negativo podemos encontrar algo realmente importante para incluir en nuestro equipaje de aprendizaje.

Por ejemplo, si se te ha ocurrido que debes emprender un negocio de cupcakes o ponqués, postre tan de moda hoy en día, pero tu madre te sugiere que cuides la cantidad de tus ingredientes o varíes el sabor, toma su consejo.

No pierdes nada amoldando tu idea a las sugerencias de los demás. En realidad, de eso se trata, la clave es que tu idea sea lo más universal posible, es decir, que le guste a más cantidad de personas. Por eso las opiniones de terceros son tan importantes para lograr la perfección.

Lo importante de tomar los consejos de los demás es que ayudarán a tu mente a tener un panorama más amplio de la idea inicial, cuestionando tus puntos de vista y evaluando la posibilidad de incluir los puntos de vista de los otros.

Al final, la decisión de tomar, modificar o desechar una idea siempre será tuya, pero ante de tomar cualquier decisión dale un espacio a las opiniones externas.

- **Busca un mentor o amigo creativo**

Todos tenemos una persona de plena confianza a la que le contamos las ideas que consideramos, de primer momento, buenas.

Una excelente manera de hacer que produzcas más buenas ideas es que las hables con un mentor o personas que admiras por su gran trayectoria en alguna área específica o un amigo que sepas que su modo de pensar no es nada convencional y está abierto a todo tipo de pensamiento.
Lo importante es que no tengas miedo de exteriorizar tus ideas por más locas que parezcan. Siempre tenemos a alguien que está dispuesto a escuchar todo lo que se nos ocurra sin criticar

ni menospreciar nuestras ideas; este tipo de personas pueden mejorarlas con sus opiniones y darles un toque adicional para que sean mucho mejores.

Esta persona también puede ser tu pareja o socio comercial, lo más importante es que la relación que tengas con esta persona sea lo suficientemente fuerte para poder hablar con libertad sobre la idea.

En la mayoría de los casos, estas personas terminan siendo tus mejores cómplices porque saben el inicio de la idea exitosa y seguramente estarán allí para ver toda su evolución, apoyando y valorando cada paso que des hacia adelante.

Mastermind y tormenta de ideas

Napoleón Hill hizo famoso el concepto del mastermind, que no es otra cosa que el fundamento de que "dos cabezas piensan mejor que una". El agrupar a un conjunto de personas brillantes con un mismo propósito es una técnica muy poderosa para generar soluciones.

No siempre en una sola sesión se puede alcanzar el objetivo final, pero si un grupo de personas empiezan a atacar un problema y proveer tantas ideas como sea posible, tarde o temprano darán con la solución al dilema.

Cuando Henry Ford les pidió a sus ingenieros que fabricaran un motor en "V", estos le decían una y otra vez que era imposible hacerlo. Durante más de 8 meses la respuesta de los ingenieros era insistir en que no era posible, pero Ford les decía que siguieran buscando, hasta que por fin encontraron la solución.

El poder combinado de la mente humana, enfocado en un propósito común por el tiempo necesario, puede producir las cosas que hoy consideraríamos como imposibles.

Aprende de los fotógrafos

Una de las técnicas más usadas por los fotógrafos profesionales para producir un retrato fabuloso, es sencillamente tomar cientos de fotos a la persona, usando modificaciones sencillas, como un ángulo diferente, una pose distinta, etc.

Pero siendo fundamentalmente un juego de números, entre cientos, una será sobresaliente.

Este mismo principio se puede aplicar a las ideas de negocios. Para dar con la mejor, trata de buscar tantas como puedas, crea e introduce ligeras modificaciones a cada una. Eventualmente darás con la joya que estás buscando.

Escribe, escribe y escribe

Si tomamos la idea anterior y solo la aplicamos una vez, un día determinado, las posibilidades de tener éxito son muy pocas.

Tenemos a nuestra disposición la mejor y más poderosa computadora del mundo, que es nuestro cerebro. Pero para obtener su máximo potencial, tenemos que entrenarlo.

Es como ir al gimnasio. No podemos esperar ir un día a hacer ejercicio y estar en forma al día siguiente. Igual pasa con nuestra mente.

Así que para encontrar la mejor idea posible, haz de esto un hábito: Diariamente toma un cuaderno y algo con que escribir, presta atención a tus alrededores aplicando las técnicas contenidas en este libro y escribe 10 nuevas ideas de negocios por más descabelladas y absurdas que parezcan.

Si haces esto a diario, vas a desarrollar ese músculo mental que se va a fortalecer y volverse más eficiente cada vez.

Hacer esto con constancia te garantizará que tarde o temprano encuentres esa maravillosa idea que estás buscando.

Predice el futuro

Otra técnica sencilla que puedes aplicar es tratar de visualizar el futuro del nicho en que quieres participar. Pregúntate, ¿qué vendrá después de esto?

Por ejemplo, si estás pensando en un televisor. Ya tenemos el 3D, pues muy probablemente vendrá algo de realidad virtual, imágenes con olores, etc.

Trata de visualizar cuál pudiera ser el próximo paso y, como se mencionó anteriormente, genera tantas ideas sobre el futuro como te sea posible.

¿Qué es frustrante para ti?

Presta atención a aquellas cosas que te causan frustración y trata de buscar una solución para ello. Una variante de esto podría ser escribir en los buscadores de internet cosas como: "me molesta", "me da mucha frustración", "quisiera tener una solución para", "por qué nadie ha inventado", "quiero resolver este problema", "pagaría lo que sea por solucionar", etc.

Puedes crear tantas frases similares como se te ocurran, pero la idea es que estas búsquedas te lleven a identificar problemas en general o en tu nicho, lo que puedes utilizar como punto de partida para generar una solución rentable.

¿Qué hace falta?

Cuando Leopoldo Fernández Pujals estaba en España, se dio cuenta de que no había forma de pedir una pizza a domicilio. Por lo que decidió crear una compañía, Telepizza, que hoy por hoy entrega más de 10.000 pizzas al mes y es una de las que mejor se desempeñan en la bolsa de valores de España.

Siempre presta atención a las necesidades no cubiertas en tu mercado, así como también a los vacíos que se crean cuando las grandes compañías dejan de servir a un sector o área. Y, por supuesto, lo más importante…Actúa cuanto antes.

Las tres preguntas:

El hacerte estas tres preguntas también abrirá tu mente a descubrir nuevas ideas de negocios:

1- ¿Qué producto o servicio estás pagando en este momento? Esta es una pregunta importante, porque abre nuestra mente a darnos cuenta de que otras personas pueden pagarte por tus servicios. Si tú pagas a otros, lo contrario también puede ser ocurrir.

Tal vez pagas a alguien para que limpie tu casa, te cocine o cambie el aceite de tu vehículo. Lo cierto es que pagamos por cosas que nosotros mismos podemos hacer. Pero preferimos pagar a alguien para que lo haga por nosotros.

Piensa por un momento de 3 a 5 cosas por las que tú pagas.

Ahora empecemos a analizar de qué forma la gente podría pagarte a ti, de la misma manera que tú pagas a otros.

2 -¿Qué habilidades tienes?

Empieza a escribirlas. Puede ser bailar, escoger y combinar bien las piezas de vestir, decorar, diagnosticar problemas mecánicos, etc.

Analiza qué habilidades tienes por las que la gente podría pagarte.

3- ¿Cuáles son las cosas por las que la gente te dice que "eres muy bueno (a)" haciéndolas?

Mucha gente piensa que no tiene habilidades especiales, pero esto no es cierto. Todos tenemos dones. Así que llama a algunos de tus amigos o familiares cercanos y pregúntales:

¿Cuáles son las tres cosas en las que crees que soy bueno?

¿Qué habilidades especiales crees que tengo?
El propósito es encontrar aquello que puedes hacer mejor que 10.000 personas alrededor de ti. Estadísticamente esto es cierto, eres una persona única con cualidades que otros no tienen.

Obtén tantas ideas como sea posible y analiza cómo puedes empezar a hacer dinero utilizando tus dones y habilidades especiales.

Mejora algo que ya existe

Grandes negocios han empezado de esta manera.

Por ejemplo, Google mejoró los buscadores existentes como Yahoo! y Alta Vista.

Netflix se dio cuenta de las frustraciones que sufrían las personas al pagar multas por alquilar películas en Blockbusters. Y con su modelo de negocio, los mejoraron y desaparecieron.

Presta atención a los productos o servicios que la gente compra, pero experimentan dificultades con ellos o que pueden ser mejorados de alguna manera.

Combina productos existentes

Una forma de emplear esto es ir a una tienda por departamentos, agarra dos artículos al azar y piensa cómo puedes combinarlos para hacer uno mejor.

La idea de combinar un teléfono con una cámara en el pasado probablemente fue algo totalmente absurdo. Hoy nadie compraría un teléfono móvil que no incluya una cámara.
Existen páginas en internet que se dedican a recolectar fondos para ideas de negocio nuevas o inventos, como www.kickstarter.com

Si visitas esa pagina, te darás cuenta de que muchos de los proyectos que ahí se incluyen son combinaciones de dos o tres productos existentes. Los expertos en esta materia dicen que toma un par de cientos de intentos de combinar productos aleatoriamente en una tienda por departamentos, para dar con una idea excelente y viable.

Internet

Es la estrategia más obvia: utilizar internet cuando queremos conocer la respuesta a alguna de nuestras preguntas.

Pero, ¿cómo podemos usar internet de forma efectiva o diferente para encontrar una idea de negocio?

He aquí una forma:
Imagina por ejemplo que quieres crear una aplicación para teléfonos celulares y hacer dinero con ella. Pues simplemente puedes ir a Twitter y en la barra de búsqueda escribir algo como "¿Existe un app para?" o "¿Existe una aplicación que?".

Luego empieza a analizar las respuestas y seguro encontrarás una tendencia que te mostrará las necesidades de las personas en ese aspecto. Mientras más personas busquen una determinada aplicación, probablemente más oportunidades de éxito tendrás al crearla.

El mismo método lo puedes aplicar con diferentes estructuras, diferentes redes sociales, buscadores en línea, foros, blogs, sitios de preguntas y respuestas, etc.
Las combinaciones son interminables.

¿Puedo hacerlo mas barato... y mejor?

Si encuentras una manera de proveer algo ya existente a un menor precio, tienes una buena idea de negocio en tus manos.
Un ejemplo típico es Uber, que simplemente tomó la idea de proveer el servicio que los taxis ofrecían, pero a un menor precio. Hoy por hoy, es una compañía que produce 6 billones de dólares, simplemente aplicando este principio.

- **¿Cómo ver la crítica a mi favor?**

No siempre el feedback es positivo. La verdad es que la mayoría de la gente se resiste a considerar y mirar con buenos ojos las ideas nuevas por su resistencia al cambio y la tendencia a ver la vida como ya la han aprendido.

Obviamente, aceptar una idea innovadora implica aprender algo nuevo, ver algo de forma diferente, desmontar patrones y definitivamente implica salir de la zona de confort para analizar cómo funciona; pero, lamentablemente, muchas personas prefieren no gastar energía aprendiendo algo a pesar de que resulte beneficioso para ellas mismas a largo plazo.

Es por ello que cuando compartimos nuestras ideas tenemos que ser conscientes de que a mucha gente no le gustará, muchos encontrarán más elementos en contra que a favor y otros simplemente pensarán que estás loco.

Pero no te desalientes, antes de que te afecten las críticas piensa que quizás esas personas no tienen el conocimiento suficiente para entender la esencia de la idea o simplemente viven con mentes muy cuadradas que no aceptan aquello que les resulta diferente.

Lo que tienes que hacer ante las críticas negativas es darle la vuelta a tu favor. Toma la frase que compone la crítica y comienza a hacer preguntas para desmenuzarla y encontrar pequeñas soluciones que le quiten fuerza. Por ejemplo, siguiendo con el mismo emprendimiento de los cupcakes, si alguien te dice que no le gustan, antes de ignorarlo sé amigable y pídele que sea más específico.

Pregúntale cosas como estas:

1. ¿Por qué dices que no te gusta?
2. ¿Qué elementos crees que debo agregarle para que te guste más?
3. ¿Qué cosa quisieras que le eliminara?
4. ¿Crees que lo que no te guste a ti pudiera no gustarle a alguien más?, ¿por qué?
5. Si hago las modificaciones que sugieres, ¿crees que lo comprarías?

Muchas veces al hacer estas sencillas preguntas, el problema con tu idea se reduce considerablemente y hace que tus ánimos no desaparezcan del todo porque tiene solución.

A veces solo hay que modificar simples elementos y no pensar en una nueva idea.

¡Eso sí que es una ventaja!

Otro ejemplo de algo que pudiera, a simple vista, obstaculizar la realización de la idea, pero que al final puede convertirse en una importante mejora para tu negocio, es el siguiente: Siguiendo con la idea de los cupcakes, si tu madre te regaña porque vuelves un desastre su cocina al hacerlos o no le dejas espacio para usar su propia cocina, no pienses que la mejor solución es desistir de la idea.

No le des fuerza a la crítica para desanimarte, dale la orden a tu cerebro de aceptarla, procesarla y en base a ella buscar soluciones para perfeccionar la realización de tu idea inicial.

Quizás encuentres la manera de ser más ordenado y halles horarios en los cuales no interfieras con los quehaceres de tu madre o, mejor aún, la imposibilidad de usar lo más cómodo que es, en este caso, la cocina de tu propia casa, te llevará a buscar otro nuevo espacio donde tengas más libertad, independencia y puedas conocer a personas que tengan la misma pasión.

Incluso, si lo ves bien, ese nuevo lugar podría ser la sede de tu nuevo negocio.

Los aniquiladores de las buenas ideas

Existen actitudes y elementos de nuestra vida cotidiana que se convierten en agresivos bloqueadores de buenas ideas. A menudo, influyen en nuestra mente de manera negativa al impedir que encuentre la idea correcta o desmotivándonos en la tarea de continuar pensando en la idea que necesitamos. Algunos de ellos son:

- **Falta de confianza personal**

Las personas con baja autoestima tienden a descartar todas las ideas que nacen de sus pensamientos. No tienen la suficiente fuerza personal para ver que su idea es totalmente factible en la realidad, si lo intentan.

Usualmente prefieren seguir las costumbres sociales ya establecidas para no exponerse, para no lidiar con las personas que seguramente se opondrán a lo nuevo.

La falta de confianza no determina que una persona sea creativa o no, pero sí le impone un obstáculo grandísimo para la manifestación de sus ideas porque le reduce la voluntad del atrevimiento y la condena al miedo.

El temor al qué dirán es una característica de todas las personas que viven con baja autoestima. El entorno crítico es un fenómeno al cual todos los grandes pensadores de la historia se han tenido que enfrentar, unos con más valentía que otros, pero es el denominador común del surgimiento de las ideas revolucionarias.

Difícilmente estos individuos tendrán la habilidad y las ganas de afrontar todos los desafíos que implique la materialización de una idea para convertirla en un negocio exitoso. Al primer obstáculo, saldrán corriendo y desistirán de aquel negocio que podría cambiarles positivamente la vida.

Si sientes que eres una persona que no tiene la confianza suficiente para poner en marcha una idea para crear tu propio negocio, analiza estos tres aspectos y comienza a aplicarlos en tu vida diaria:

1. **Eres perfectamente capaz de crear una buena idea:** Todo el mundo puede crear ideas, recuerda que nuestro cerebro tiene la capacidad de crear miles de pensamientos al día. Es tu deber obligar a tu mente a pensar de manera más positiva y construir ideas que tengan el potencial de darte bienestar a ti y a tus propios clientes.

2. **No te desesperes por tener la mejor idea ahora:** Las buenas ideas naturalmente son el resultado de un torrente de típicas y malas ideas. Por lo general, no podemos decirle a nuestro cerebro que cree una buena idea para un negocio y al cabo de un instante tenerla en la mente por arte de magia.

   La formulación de ideas exitosas comprende el análisis de muchas variables, tales como la investigación que hayas hecho sobre el tema, la experiencia personal que has tenido y el conocimiento de experiencias ajenas a través de la conversación con otras personas. Todos estos elementos confluirán, tarde o temprano, en tu mente para parir la idea que estás buscando.

3. **No tomes la crítica de forma personal:** Muchos individuos toman la crítica de su producto o servicio como algo personal, como si la percepción negativa de su idea les dijera que son una mala persona, que son brutos o incapaces. Hay que separar entonces ambos conceptos, una cosa es la idea que creas para tu negocio y otra es la persona que eres.

Que algo salga mal con tu idea no necesariamente significa que algo está mal contigo y que no deberías volverlo a intentar. Al contrario, focaliza las críticas sin llegar a generalizaciones que afecten tu autoestima. Lo importante es que puedas mejorar tu idea a través de las críticas que otros hacen, considéralas como pequeños consejos para optimizar tu idea a pesar de que las hayas recibido a regañadientes o como una odiosa queja.

- **Falta de tiempo de ocio**

A pesar de que el ocio esté normalmente valorado con una carga negativa, es indispensable para el ser humano. Las personas que están todas las horas de su día ocupadas difícilmente tendrán espacios de tiempo para pensar en buenas ideas para negocios lucrativos.

Si tu mente está ocho horas del día pensando en los problemas del trabajo y las horas que te quedan piensas en los problemas que tienes en la casa con tu pareja o hijos, no tendrás la capacidad de pensar en nada más.

Es un círculo vicioso que, además de desgastarte, te está quitando valioso tiempo para pensar en ideas exitosas que puedan mejorar tu calidad de vida.

Por ello es completamente necesario que respetes tus momentos libres. No permitas que un jefe abusador tome tu tiempo fuera de la oficina para seguir trabajando y tampoco te dejes agobiar por problemas que le restan tranquilidad a tu tiempo de ocio.

Las buenas ideas no surgen después de un trabajo extenuante, al contrario, surgen en momentos en que la gente puede analizar la vida y darse tiempo para verla en perspectiva.

Los mejores empresarios tienen grandes ideas estando acostados mirando el techo, bañándose en una piscina, tomando café en sus balcones o en medio de una divertida conversación entre amigos.

Divertirse es un excelente aliado para el surgimiento de las buenas ideas porque la mente se siente más estimulada para trabajar. Una mente cansada solo funciona para solucionar elementos básicos para nuestra subsistencia; definitivamente no está en condiciones de darte ideas exitosas.

Los más exitosos pensadores de la historia tenían suficiente tiempo libre para pensar en aquello que a los demás no les daba tiempo porque sencillamente tenían una vida de comodidades o no les preocupaba desgastar su mente trabajando para otros.

Sabemos que quizás este no sea tu caso porque ahora no tienes el dinero suficiente para vivir con lujosas comodidades, pero si mantienes un buen sistema de prioridades con el uso del tiempo tendrás también espacio para pensar en algo innovador, a pesar de que tengas un ingreso promedio.

Prioriza el tiempo que empleas para ejecutar los distintos roles en tu vida. Si en este momento es una prioridad crear un negocio para poder surgir económicamente, date tiempo para pensar en la idea que te lo permitirá, dale a la mente un horario para pensar en tus pasiones y aspiraciones, dale un espacio para soñar y preguntarse cómo sería la vida si las cosas fueran de otra manera.

Recuerda que puedes tener una gran idea divirtiéndote o haciendo absolutamente nada, solo es cuestión de que le des a tu cerebro las preguntas correctas y el tiempo para que las resuelva.

- **Falta de conocimiento**

La sabiduría es un elemento clave para recorrer el camino que lleva hacia una idea exitosa. El saber te lleva a contestar con más prontitud todas las interrogantes que puedas formularte alrededor de una idea. Es como un dulce atajo que no muchas personas tienen en sus manos.

Utiliza todo lo que sabes a tu favor, siempre se ha dicho que el conocimiento otorga independencia y es el principal combustible para la creación de negocios exitosos.

Si tienes una idea que sientes que es poderosa, pero aún no la ves con claridad o no la digieres con facilidad, lo mejor es que te empapes mucho del tema, todo lo que sea posible, a través de estas simples recomendaciones:

1. Lee sobre el tema.
2. Investiga en libros o internet.
3. Inscríbete en cursos o talleres de especialización.

4. Habla de esta idea con personas que saben más al respecto como maestros, profesores o profesionales de larga trayectoria.
5. Comparte experiencias con amigos creativos o con personas que tengan las mismas inquietudes que tú.

Lo importante es ser proactivo y no quedarse con la duda; quizás algunos con más experiencia que tú puedan darte útiles consejos para poner en marcha tu idea o quizás a través de esas conversaciones te ahorres tropiezos que seguramente tendrás si lo haces por ti mismo.

No tengas miedo de sobrecargar tu mente, puesto que ella se comporta como una infinita mochila en la que caben miles de conceptos, teorías y conocimientos nuevos. En la medida en que seas más sabio, habrá menos baches en tu cerebro que te impidan hallar la idea necesaria. El conocimiento es un factor que acelera las buenas ideas, así que no seas perezoso y prepárate para aprender.

La buena noticia es que la mayoría de las ideas exitosas que consideramos para montar un negocio parten de nuestros más añorados deseos y pasiones más fuertes, así que aprender más sobre esta idea no implicará un esfuerzo demasiado sacrificado para ti.

- **Cerebro izquierdo**

El cerebro izquierdo o también conocido como cerebro analítico está en funcionamiento en casi la totalidad del tiempo que estamos conscientes. Él es perfecto para simplificar problemas matemáticos, lógicos o cuya solución se encuentra almacenada en nuestra memoria a través del conocimiento aprendido y la experiencia.

Sin embargo, es bastante malo para crear buenas ideas porque tiende a criticarlas y cuestionarlas demasiado hasta llegar a pulverizarlas. Es esta parte del cerebro la responsable de decirte que la idea nueva que tienes no será posible por un montón de argumentos lógicos que él busca fundamentado en lo que sabe.

No le gusta el terreno desconocido porque no se siente confiado ni respaldado, por eso busca bloquear las ideas que no le parezcan manejables fácilmente. También desempeña un papel importante de autocontrol que regula todo lo que dices y haces para amoldarlo a los parámetros sociales.

La buena noticia es que podemos controlar el poder de esta parte de nuestro cerebro si nos permitimos ser más flexibles de pensamiento y más tolerantes con las cosas nuevas.

El cerebro derecho o creativo, aunque solo funcione en su totalidad cuando no estamos del todo conscientes, funciona mucho más rápido. Los expertos dicen que es dos millones de veces más rápido que el cerebro analítico.

Esta parte del cerebro es capaz es buscar diferentes soluciones a un mismo problema, brindándote alternativas brillantes y renovadoras, a diferencia del analítico, que solo te dará una solución que generalmente es la primera, la más fácil y la más básica que encontró en tu mente.

Cultiva la creatividad con estos sencillos consejos

Creatividad es una palabra que viene del verbo crear y que significa inventar algo de la nada. Todos tenemos la capacidad de ser creativos, lo que pasa es que unas personas cultivan más esta habilidad mientras otras prefieren regirse bajo los pensamientos analíticos de su cerebro izquierdo.

Se nace con creatividad y también la fomentamos durante nuestro crecimiento. Está comprobado que a mayor creatividad, mayores entradas de dinero tendremos. Por ello, queremos darte 12 consejos para que te inspires y comiences a explotar la creatividad que hay en ti:

1. **Tiempos de tranquilidad:** Las personas creativas a menudo buscan espacios en sus días para estar solos y en silencio para poder conectarse con lo que desean crear y escuchar sus propios pensamientos con más detenimiento, sin que ninguna interrupción los distraiga o saque de concentración. Es recomendable buscar estos espacios en las primeras horas de la mañana, cuando tu cerebro está descansado y con la energía al 100 por ciento.

2. **Conviértete en una persona curiosa:** Las personas con creatividad no se quedan con la información superficial de algo que les llama la atención. Observan, investigan, consultan hasta poseer un conocimiento más amplio de aquello que les interesa. Piensan constantemente que lo que conocen no es suficiente y siempre van detrás de más pistas.

3. **Los problemas son retos:** No tienen miedo a enfrentarse con lo desconocido y además son personas que ven los problemas o las crisis como grandes desafíos personales para salir adelante. En general, su positivismo y energía hacen que siempre vean el vaso medio lleno.

4. **Alto sentido de constancia:** No se detienen al primer obstáculo, son personas perseverantes hasta el cansancio; muchos creativos a lo largo de la historia han sido considerados como tercos. Cuando se les mete una idea en la cabeza no desisten por nada del mundo hasta comprobar que tenían razón.

5. **Habilidad de adaptación:** Su misma naturaleza proactiva y positiva les permite adaptarse a diferentes situaciones, sean adversas o no. No se frenan por los fracasos, más bien aprenden de ellos y se amoldan a lo que tengan para conseguir sus metas.

6. **Son fanáticos de los Post-it:** Usan Post-it u hojas de notas autoadhesivas para todo. Saben que las ideas surgen en los momentos más insospechados y que, si no las anotan cuando surgen, pueden perderlas. Usualmente, vemos que tienen pequeños bloques de Post-it de colores en sus agendas, en su espejo o en el marco del monitor de la computadora.

7. **Huyen de la rutina:** Estas personas usualmente toman riesgos para no hacer las mismas cosas como las vienen haciendo todos los días. Generalmente, les gusta cambiar las rutas hacia un mismo destino, usar su mano izquierda cuando son derechos o viceversa, procuran conocer a nuevas personas y lugares donde nun-

ca han estado y buscan alternativas diferentes para hacer su trabajo.

8. **Relacionan ideas que aparentemente son opuestas:** Nunca ven la contraparte de una misma cosa como algo negativo, más bien le sacan provecho para interrelacionar ambas ideas. Ven lo que otros no pueden ver y consideran contradicciones; estas personas son capaces de encontrar el mínimo punto de conexión entre pensamientos inicialmente opuestos.

9. **No siguen estereotipos ni roles sociales:** A estas personas no les importa los estándares que impone la sociedad, no se sienten limitados a la hora de hacer algo por ser hombres o mujeres. Ven los estereotipos como un obstáculo para la autorrealización. Les importa muy poco el qué dirán y se atreven a adoptar roles contrarios siempre y cuando esto les ayude a conseguir sus metas.

10. **Practican la visualización con más frecuencia:** Estas personas tienden a imaginarse a ellas mismas con la idea ya creada. Juegan a pensar cómo sería el futuro si su idea tuviera éxito. La visualización también les da herramientas para estar prevenidos ante adversidades, porque pueden pensar en todos los escenarios negativos que surjan durante la implementación de la idea, lo que les da la posibilidad de saber por adelantado cómo podrían actuar.

11. **Buscan mejorar siempre:** Usualmente, las personas creativas se centran en mejorarse ellas mismas o mejorar sus ideas. Buscan la excelencia gradualmente a medida que van aprendiendo, no se empecinan en la

perfección, pero sí en avanzar lo que puedan cada día más.

12. **Toman riesgos sin pensarlo tanto:** Ser creativo es, en definitiva, asumir riesgos porque no sabes a ciencia cierta cuál va a ser el resultado. Lo que sí podemos asegurarte es que es una aventura valiosísima que te permitirá ser más sabio y, con un poco de constancia y sentido común, más rico.

Elementos que harán de tu idea un negocio exitoso

Una buena idea es aquella que, después de mucho pensar, tiene la habilidad de resolver por completo algún problema. Pero una idea exitosa por la que otras personas pagarían va más allá: estas deben ser **diferentes a lo conocido, de fácil acceso y comprensión y, además, deben estar al servicio de otros.**

Si queremos entrar en el campo de los negocios no podemos ofrecer al mercado productos y servicios que son completamente iguales a los que ya existen, es decir, que tengan las mismas formas, colores, utilidades y precios porque, además de estar penado por las leyes que rigen los derechos de autor, nadie se sentiría motivado a adquirir tu idea por la otra que ya tiene más tiempo y reconocimiento en el mercado.

En este sentido, lo primero que tienes que pensar es en crear algo que sea totalmente nuevo para el público o que tenga características realmente competitivas que lo hagan sobresalir frente a las marcas ya impuestas.
Por ejemplo, en la historia de los celulares fue Motorola la compañía que creó el primer teléfono móvil en el mundo a mediados de los años 80.

Obviamente, para la época esto representaba algo innovador que llamaba la atención de muchas personas, porque por primera vez en la vida iban a poder comunicarse sin importar dónde estuvieran, es decir, ya la gente no tendría necesidad de quedarse en casa u oficina esperando una llamada importante.

Con el pasar del tiempo, otras empresas fueron incursionando en este negocio de las comunicaciones y se crearon miles de modelos de teléfonos móviles. Hoy los más sofisticados posen pantallas táctiles, tienen integradas cámaras fotográficas, grabador de voz, despertador y hasta reproductor de música y video.

Ahora la gente que está en el negocio de los celulares debe pensar en ideas que le den una habilidad adicional, para sobresalir entre las ofertas de otras marcas.
Otro elemento importante es la accesibilidad de tu idea. Mucha gente tiene buenas ideas que son menospreciadas y descartadas por otros porque sencillamente son demasiado complicadas de manejar o aplicar en la realidad.

Tus clientes no querrán saber cómo se compone tu producto o servicio, pero sí querrán saber cuál es la manera más fácil de usarlo o incluirlo en sus vidas.

Pero si les resulta complicado o tedioso ya no querrán comprarlo más.

Por ejemplo, a nadie le importa cómo funciona una aspiradora, nadie se pregunta, a menos que esté descompuesta, cuáles son las piezas, tornillos y engranajes que la hacen funcionar, ya que las personas solo quieren aspirar sus muebles o alfombras.

 Pero si la aspiradora no es de fácil manejo porque se enciende de manera diferente, no usa energía normal o tiene que armarse usando un croquis para que funcione, de seguro no se venderá mucho.

Al pensar en una idea de la que puedas vivir no puedes crear solo soluciones a tus propios problemas. Es verdad que muchas personas que son ahora empresarios exitosos comenzaron con crear ideas que les facilitaran sus propias vidas y, en algún punto, pensaron que esa misma idea podría servir para otros, pero es pura coincidencia.

Esto sucede mucho con los emprendimientos de comida. Quizás a ti te parezcan deliciosos unos tacos con bastante chile, cebolla y aguacate. Pero los conocedores de la materia saben que, a menos que estés en México, los tacos hechos exclusivamente de esta manera no les gustarán a todos, algunos los querrán sin picante, otros sin cebolla, otros solo querrán la tortilla de maíz con carne.

Por ello, complacer al público implica que no debes guiarte solo por tus gustos y, en la medida en que diversifiques una misma idea, más clientes llegarán a ti.

A la hora de crear un negocio necesitas invertir en una idea que sea atractiva para mucha gente, que se preste para satisfacer deseos y necesidades de un número alto de clientes.

En la lógica de los negocios, la demanda es lo que te hará salir adelante y definirá tu éxito. Si nadie compra tu idea, no te deprimas, usa esta experiencia para pensar en otra mejor.

Experiencia y pasión: Combustibles para las ideas exitosas

Para que la idea que le dio forma a tu negocio perdure con éxito debe estar fundamentada en una mezcla esencial de experiencia y pasión. Nada puede crearse si no hemos visto creaciones previas, nada puede pensarse si no tenemos un conocimiento básico y tampoco nada durará mucho si no lo hacemos con amor.

La experiencia hace que tus ideas sean más claras, más contundentes y más rentables económicamente. Es muy probable que una persona con 40 años sea más exitosa en el emprendimiento de un negocio que una de 20 años de edad.

No se trata de que la persona mayor tenga más capital o sea más inteligente, se trata de que posiblemente tomará decisiones más acertadas porque lleva a cuestas un saco de experiencias que lo guiará mucho más rápido al éxito. Mucha razón tiene el dicho que reza: "Más sabe el diablo por viejo que por diablo".

Así funciona el cerebro: Para resolver cualquier interrogante busca experiencias pasadas que la persona haya vivido para ajustarlas como una posible respuesta.

A la velocidad de la luz analiza todos los episodios relacionados con la idea que se busca y presenta tantas alternativas como la experiencia le haya dado.

Lo contraproducente de la experiencia es que hace a la persona más terca y perezosa, ya que con el simple hecho de haber tenido una experiencia específica se siente que tiene todo el conocimiento a su favor, y muchas veces esto es un error.

Si bien la experiencia ayuda a descartar más rápidamente las malas ideas de las realmente buenas, también es importante que a la hora de montar tu propio negocio no te dejes influenciar 100 por ciento por los momentos vividos. No dejes que los fracasos del pasado condicionen o limiten tus aspiraciones actuales, no te paralices por el simple hecho de que no funcionó en el pasado.

Ve y busca la manera de replantearte la idea con la que deseas montar tu negocio para que tenga éxito, no te quedes con las ideas obvias, con lo que todo el mundo piensa, pon a tu cerebro a buscar otras alternativas que saquen adelante tu idea, si de verdad sientes pasión por ella.

En este sentido, otro elemento importante para que la idea convertida en negocio sea un éxito es que realmente la ames. No puedes dedicarte toda tu vida a algo que simplemente te parece estándar o que no es molesto hacer; debes buscar hacer algo que realmente te apasione y no te importe invertirle mucho tiempo porque, además de ganar dinero, la estarás pasando bien.

Sentir pasión por algo es como un imán porque la oportunidad de hacer cosas que te apasionan te permitirá en gran medida tener más ideas apasionantes sobre tu negocio.

Mucha gente intenta hacer dinero a través de trabajos aburridos que, además de agotarlos, les roban valiosos momentos de sus vidas que pudieran estar aprovechando en realizar cosas que verdaderamente valoren.

Muchas personas entendieron esta fórmula y han ideado la manera de sacarle provecho económico a sus propios hobbies. Recuerda lo que siempre dicen los cantantes y deportistas en todas las entrevistas que les hacen, en las que destacan que ganan muchísimo dinero a través de su pasión. No necesitas tener ningún talento sobrenatural para dedicarte a tu pasión, pero sí buenas ideas para convertirla en un negocio lucrativo.

Las personas con trabajos rutinarios y carreras comunes a menudo dejan su pasión a un lado por una aparente estabilidad; a muchas esto no les funciona y, después de mucho trabajar en cosas que odiaron, se convierten en empresarios de cosas que les llamaban la atención de niños.

Por ejemplo, quizás estés aburrido de trabajar detrás del escritorio y siempre te han gustado los carros de carreras; ¿cómo te sentirías si montaras tu propia tienda de autos de carrera de colección?

Suena fantástico, ¿cierto?

Imagina explicándoles a tus clientes las características de cada auto para que se convenzan de comprarlo, seguro sería mucho mejor hablar de eso que de cuentas y problemas administrativos.

Solo tienes que pensar en la idea que te apasiona, analizarla, masticarla, conseguirle todas las aristas y hacerte las preguntas que te llevarán a sacarle el jugo.

Utiliza un capital pequeño para comenzar

No esperes reunir un gran capital para comenzar tu negocio. Muchas personas enfrían el entusiasmo que traen consigo las buenas ideas porque se ponen un obstáculo que muchas veces es difícil de afrontar: reunir dinero cuando en verdad no lo tienen.

Se supone que a través de la idea que pensaste vas a amasar todo el dinero posible para hacer viable tu felicidad, así que no puedes empezar al revés porque, además de ser una pérdida de tiempo tratar de guardar el dinero que no te alcanza para pagar todas tus facturas al mes, es un riesgo muy grande invertir todo lo que has ahorrado con mucho sacrificio en un negocio que apenas estás empezando.

El mejor consejo es que comiences con lo que puedas. Trata de ajustar la aplicación inicial de tu idea con un presupuesto reducido y evalúa si vale la pena invertir más. Para comenzar trata de apartar solo un 10 por ciento de tu ingreso mensual, si ganas 1000 dólares al mes, serían 100, si ganas 500 dólares, invierte 50.

No te sientas ridículo por comenzar con tan poco capital, la idea es ir probando y protegerse si algo sale mal. Lo mismo pasa con la inversión del tiempo, solo dedícale un porcentaje pequeño de tu día a la implementación de esta nueva idea. No puedes dejar de trabajar para dedicarle todo tu tiempo a algo que no estás seguro que será un éxito.

Lo mejor es que si tienes un trabajo rutinario, lo continúes haciendo para asegurar que podrás pagar tus gastos del mes, el resto del tiempo que te quede libre empléalo en tu idea. Con una hora diaria estaría bien para comenzar; eso sí, debes ser constante y destinar la hora que planifiques solo al trabajo de tu idea, sin interrupciones ni excusas. Quizás tengas que sacrificar tiempo de descanso o con tu familia, pero toda persona exitosa lo ha hecho y asegura que ha valido totalmente la pena.

En esta etapa busca recursos de bajo presupuesto, puesto que trabajar con las uñas te dará una experiencia valiosísima porque te obligará a no conformarte con lo más fácil o lo que está a la mano. Obligarás a tu cerebro a buscar alternativas económicas para construir tu producto o servicio y darlo a conocer con tus potenciales clientes.

Las personas que no se atreven a comenzar su negocio con lo que tienen sabotean sus propias ideas, ya que tu cerebro creativo puede ofrecerte las mejores alternativas, pero el analítico cortará todas las raíces de las buenas ideas sacando cuentas, sumando y restando, para decirte al final que dejes de pensar en eso que te apasiona porque no tienes suficiente dinero para llevarlo adelante.

¿Recuerdas cuándo dijimos que el cerebro es más eficiente cuando piensa en varios problemas a la vez?

Esta es una excelente oportunidad para ponerlo en práctica. En este punto, tienes varios problemas que resolver si no cuentas con mucho capital para poner a andar tu idea y eres una persona ocupada. En esta etapa cuestiónate:

1. *¿Cómo llevar a la realidad la idea?*
2. *¿Cómo hacer que la realización de la idea no me deje en bancarrota?*

3. *¿Qué momento del día puedo dedicar para pensar en la idea sin descuidar otros aspectos de mi vida?*

Cuando ponemos todos esos retos en la mente, esta se hace más creativa; por allí dicen que las grandes crisis son en realidad oportunidades invisibles. Así lo creía también Einstein, quien una vez dijo: "Solo en momentos de crisis, surgen las grandes mentes".

¿Aún no crees que sea posible?

Bueno, un excelente ejemplo de emprendedores con buenas ideas que empezaron desde cero fue el estadounidense Steve Jobs, quien comenzó a revolucionar la tecnología desde su garaje.

Sin recursos, pero con gran pasión por lo que hacía, consiguió vender las primeras 100 computadoras a un minorista de su zona; nueve meses más tarde y gracias a su éxito pudo mudarse del garaje y comenzar a trabajar en una aceptable oficina de la ciudad de Cupertino. Ahora, su empresa Apple es una de las marcas más reconocidas a nivel mundial que diseña y produce equipos electrónicos, software y servicios en línea.

Como ves, para comenzar solo hace falta la idea correcta y las ganas de hacerlo, el dinero viene después y, si es exitosa tu idea, te garantizamos que valdrá el riesgo comenzar desde cero, lo más importante es que lo hagas ahora.

Copia y combina ideas

Muchas de las grandes ideas no tienen necesariamente por qué partir de la nada. No caigas en el juego o la falsa creencia que asegura que si no piensas una idea original no puedes lograr algo grande.

La gran mayoría, por no decir todos, nos inspiramos en ideas que tuvieron otros en el pasado; la clave del éxito radica en cómo puedes hacer de una misma idea algo mucho mejor de lo que se conoce.

No tengas miedo en copiar o imitar las ideas de alguien más, solo asegúrate de que tenga algo más de valor que las que ya existen, puede ser otra utilidad, una forma de manejar más fácil o sencillamente un costo económico mucho menor al existente en el mercado.

La verdad es que muchos empresarios no se centran en crear ideas totalmente innovadoras, si no que analizan un mercado, hallan alguna debilidad y comienzan a explotarla a su favor.

Esto lo saben muy bien las grandes compañías de refresco; ¿no te has dado cuenta que hay una gran cantidad de marcas de bebidas gaseosas del mismo sabor? Bueno, los representantes de estas bebidas no centran su estrategia publicitaria en el producto en sí, buscan más bien competir a través de precios más competitivos.

Una buena opción a la hora de montar un negocio sobre una idea que ya existe es tratar de abaratar costos sin descuidar la calidad, debido a que esto te permitirá ofrecerle al público un producto mucho más barato al que ya conocen.

Recuerda que ante la crisis que azota a muchos países hoy en día, lo que está buscando la gente es cuidar su bolsillo y mantener su misma calidad de vida.

Otro buen consejo es combinar varias ideas para crear un solo producto o servicio.

Tus clientes se sentirán especialmente atraídos si consiguen un producto multifuncional, porque además de ahorrarse un poco de dinero, podrán ahorrar algo de su tiempo.

Las compañías de limpieza conocen muy bien este secreto. Por eso, vemos ahora muchos productos a la venta que son capaces de limpiar, desinfectar, desmanchar y hasta pulir cualquier tipo de superficie. Esta combinación de ideas en un mismo producto les ha facilitado enormemente la vida a las amas de casa y a cualquier encargado de limpieza porque logran hacer dos y tres cosas a la vez.

Recuerda que lo importante es mejorar la idea de otros, visualiza cómo sería un producto si le agregaras otra utilidad o beneficio. Copiar y combinar ideas no es lo mismo que plagiar o falsificar, porque si bien elaborarás un producto o servicio ya existente en el mercado, no lo crearás con el mismo nombre y aspecto que los anteriores, ya que de lo contrario, podrías meterte en un gran problema legal.

¿Cómo llevar mi idea a la realidad?

Después de que hayamos seleccionado de manera consciente y rigurosa aquella idea, en la que confiamos será un rotundo éxito, debemos necesariamente llevarla a la realidad, debemos buscar la manera de poder ejecutarla en la práctica y hacerla posible para otros.

Las ideas exitosas pasan por tres etapas ante de materializarse: **La fantasía, la materialización y la perfección.**

1. Durante la etapa de **fantasía**, las personas piensan en todas las ideas posibles, mientras más mejor, sin importar que sus posibilidades de realización sean nulas en el contexto histórico en que se piensen.

    En este momento podemos imaginar que los autos pueden volar, las personas pueden correr a la velocidad de la luz, los animales pueden hablar o la comida se prepara sola. A pesar de que en este momento todas esas ideas parezcan imposibles, es muy probable que en el futuro se hagan realidad.

    Si no fuese así, las personas nunca habrían construidos aviones, barcos ni grandes edificios, no hubiesen descubierto otros planetas y mucho menos podrían comunicarse con otras personas a pesar que estén al otro lado del mundo, ¿no lo crees?

    Todo lo que está construido y percibimos como fácil o natural hoy en día fue una loca idea en el pasado que posiblemente muchos creyeron una pérdida de tiempo.

En esta etapa activa y dale la posibilidad a tu cerebro derecho de pensar con creatividad, sin cuestionamientos ni limitaciones racionales que lo frenen.

Una buena opción para traer a la mente ideas creativas es recordar los sueños más locos que hayas tenido.
¿Has soñado que puedes volar?, ¿que puedes hablar con tus mascotas o tus seres queridos que ya no están?, ¿que puedes teletransportarte a varios lugares asombrosos en pocos segundos?, ¿que puedes caminar sobre el mar o el fuego?

Esos son los sueños que pueden sacudir las ideas que tienes en tu mente para que la mejor salga a la luz.

2. En la segunda etapa, llamada **materialización**, debes escoger la idea con más probabilidades de aplicación real; es importante que vayas descartando y te quedes con al menos cinco ideas potencialmente ejecutables, después piensa en las tres mejores y finalmente quédate con una.

Esta etapa también está definida por los conocimientos, habilidades y apoyo con los que puedas contar, porque a veces tenemos una idea bastante innovadora que está demasiado adelantada a la época en que vivimos y por nosotros mismos sería imposible llevarla a la realidad.

En esta etapa es necesario que te cuestiones cómo puedes convertir en realidad tu idea, evaluar si cuentas con el entorno favorable para aplicarla y qué tan atractiva sería para otras personas.

En esta fase puedes intentar llevar a cabo tu idea en pequeña escala para ver cómo se comporta en la realidad. Por ejemplo, si intentas dar a conocer un sabor nuevo de helado comienza con elaborar algunos pocos y dárselos a probar a las personas que tengas a tu alrededor para que te den su opinión.

3. Durante la última etapa aplicamos la **perfección** a través del razonamiento crítico de las potencialidades del producto o servicio que has creado a partir de tu idea exitosa. En este momento es crucial que enfrentes los elementos positivos y negativos que pueda tener tu idea después de aplicada.

El punto es que puedas perfeccionar detalles que dificulten la concreción de tu idea. Piensa en las debilidades o problemas de esta idea y trata de buscarle soluciones realizables. En la medida en que puedas resolver todos estos obstáculos, podrá ser mucho más exitosa.

Es necesario que seas autocrítico y estés abierto a recibir cualquier recomendación de las personas que probaron tu idea. Pregúntate:

¿Qué podría entorpecer el buen funcionamiento de mi idea?

¿De verdad es útil para una gran cantidad de personas?

¿Podría reproducir esta idea en masa?

¿Podría conseguir muchos clientes que paguen por consumir esta idea?

Las ideas más comerciales son las que satisfacen un deseo profundo

Muchas de las marcas más reconocidas y más comerciales en el mundo no son aquellas que ofrecen una verdadera utilidad, no son las más accesibles ni las que mejores gerentes o capital tienen. Debería ser así, pero la realidad en el mercadeo es otra.

El secreto para que un producto o servicio se quede en la mente de los consumidores es que implícitamente ofrezca satisfacer un deseo básico.

Los empresarios lo saben y ahora tratan de amoldar su trabajo publicitario para que, de forma inconsciente, los usuarios sientan satisfechos los siguientes deseos o necesidades básicas a través de la adquisición de su mercancía:

1. **Aceptación:** Puede incluir amor romántico, posibilidad de encuentros sexuales y facilidades para relacionarse con más personas.

2. **Respeto:** Se basa en la percepción que tengas sobre cómo te miran los demás o cómo te consideran ellos. También está relacionado con la habilidad de que los otros acaten tus órdenes o se sometan a tus designios.

3. **Seguridad personal:** Está relacionada con qué seguro te hace sentir un producto o servicio por sus cualidades. Busca sobre todo convencerte de que con su adquisición tendrás una vida más tranquila, más estable y con menos preocupaciones.

4. **Independencia:** Busca explotar los deseos de libertad e individualidad garantizada. Te sugiere que a través de estos productos o servicios no necesitarás ayuda o consejos de nadie más para hacer lo que realmente deseas.

5. **Estatus:** Está relacionado con marcas que buscan la manera de que te destaques sobre los demás. Te dicen que con la compra de ese producto o servicio tu nivel social, intelectual o percepción económica aumentarán. Buscan atribuirte un tipo de poder especial para que te sientas más seguro contigo mismo.

Estas marcas logran convertir a sus clientes en verdaderos fans, lo que en mercadeo se conoce como Brand Lovers, que no es más que aquellas personas que se sienten vinculadas con una marca de manera emocional, a tal punto que no les importa compartir su contenido en redes personales, no se fijan en el precio y pagan simplemente porque aman la marca, y si tienen que defenderlas ante cualquier competidor que surja en el mercado, lo hacen.

Si necesitas crear una idea para un negocio exitoso trata de que en esencia satisfaga alguno de estos deseos o necesidades básicas; recuerda que no debes ser evidente, a las personas no les gusta comprar productos y servicios que le hagan recordar directamente que presentan alguna carencia.

Este principio lo explotan muy bien las compañías de fragancias.

¿Has visto algún comercial de un perfume reconocido que solo se centre en la necesidad de oler bien?

Pues no, ellos van más allá y tratan de convencerte de que a través de ese olor, si eres mujer serás mucho más atractiva o seductora; si eres hombre, siempre buscan relacionar su fragancia con el éxito y el poder. En ambos casos, buscan influir en una necesidad básica para que, sin pensarlo, desees comprar el producto sin necesitarlo realmente.

Aléjate de ideas que puedan crearles a tus potenciales clientes un dolor de cabeza, recuerda que ellos nunca compran un producto o servicio que les cree estrés, dolor, conflicto o incertidumbre.

Al final, el valor comercial de una buena idea se mide en lo útil que resulte ser para las necesidades básicas.

Incluso si creas una idea que elimine de sus vidas esos elementos negativos, también puede resultar muy exitosa. Plantéate soluciones rápidas a problemas cotidianos que la gente odie enfrentar, pero que no tiene otro remedio.

Las redes sociales y las páginas web han entendido este problema y han creado la manera de que las personas obtengan lo que quieran sin moverse de sus casas u oficinas. Imagina la libertad que ahora tenemos para pagar servicios básicos o comprar cualquier objeto en línea; antes esto no existía y la gente tenía que salir a la calle para hacer largas filas y cancelar sus recibos o caminar grandes distancias yendo de tienda en tienda hasta encontrar lo que necesitaban.

10 pasos para crear el negocio de tu vida

Como hemos dicho antes, el primer paso esencial para crear tu propio negocio es reconocer la idea correcta, ser atrevido en llevarla a la realidad y no esperar que mejoren las condiciones para arrancar. Si en el primer paso te tropiezas no te preocupes, tendrás tiempo para aprender sobre la marcha. Recordemos entonces el camino que debes recorrer para hacer el negocio de tus sueños una realidad:

1. **Crea una idea:** Esta puede estar relacionada con tus intereses o pasiones; no necesariamente tiene que ser así, pero si encuentras hacer dinero con algo que realmente te guste, es una gran bendición. Recuerda que esta debe estar pensada para ser útil, satisfacer deseos básicos o facilitar la resolución de problemas comunes de la gente. Después de pensar en muchas ideas, escoge la que se te haga más fácil materializar. Recuerda darle un nombre único y atractivo.

2. **Comienza ya:** No dejes para mañana el negocio que puedes empezar a construir hoy. Comienza a investigar sobre la aplicabilidad de tu idea, habla con otros, analiza sus consejos. No dejes perder el entusiasmo, ya que así como desaparecen las buenas ideas pueden desaparecer las ganas de emprenderla, después no queremos arrepentimientos.

3. **Determina tu target:** Los empresarios exitosos conocen muy bien al público al que se dirigen y no pierden el tiempo intentado vender a otras audiencias. Para arrancar tu negocio tienes que saber si tu producto o servicio le será útil a hombres o mujeres, a jóvenes, adultos o

personas mayores. Además, conocer el público al que te dirigirás definirá la forma en que te acerques a él y te des a conocer.

4. **Haz una oferta atractiva y vigila tu competencia:** Haz que tu idea sea atractiva y de más fácil acceso que la competencia. Comienza a investigar cuál es el precio que le colocan a un producto parecido a tu idea y trata de que el tuyo sea más económico. También puedes incentivar el atractivo de tu idea agregándole más elementos útiles de los que poseen los productos o servicios de la competencia.

5. **Date a conocer:** Este es un punto muy importante porque sencillamente la gente no comprará algo que no conoce. Para empezar, puedes crear una sencilla campaña de intriga diciéndole a la gente que pronto estará disponible tu producto o servicio. Después de que hayas sacado tu idea a la luz, mantenla en la mente de las personas a través de la impresión de carteles, afiches, folletos, volantes; otra idea importante es que crees tu propia página web y la distribuyas a través de las redes sociales o lista de personas clave para tu negocio.

6. **Crea varios métodos de pago:** Los empresarios más exitosos son los que les ofrecen a sus clientes varias maneras de cancelar. Piensa en métodos en efectivo, tarjetas de crédito y débito, sistema de pago por cuotas, etc. Asegúrate de que el cliente se sienta cómodo a la hora de pagarte, puesto que si le resulta dificultoso hacerlo no volverá.

7. **No descuides los asuntos legales:** Si después de varias pruebas has determinado que tu idea de negocio es

todo un éxito, comienza a hacer las diligencias para obtener una licencia de funcionamiento, si es necesaria en tu país, y registrar tu marca o nombre. Muchas personas olvidan este paso por la emoción que les produce comenzar un negocio que tiene éxito, pero puedes meterte en problemas legales si no regularizas tu situación ante las leyes de tu país.

8. **Está atento a la contabilidad:** Es muy importante que desde el inicio del negocio estés atento a los ingresos y egresos que genera el mismo. Quizás al principio no tengas muchos problemas para llevar la contabilidad, pero en la medida en que crezca tu clientela o diversifiques tus productos o servicios tendrás que buscar a una persona para que maneje los libros contables y los estados financieros.

9. **Crecimiento de tu negocio:** En la medida en que te posiciones en el mercado y tu negocio se expanda, tendrás la necesidad de que otras personas te echen una mano. Quizás debas buscar algún socio para compartir responsabilidades y cargas económicas o debas seleccionar y capacitar un personal para que haga el trabajo que ya no puedes hacer por ti mismo.

10. **Reinventa tu idea:** Con el tiempo, las ideas que dieron pie a un negocio exitoso se vuelven obsoletas y la gente comienza a prescindir de ellas. Por eso, es importante que estés a la vanguardia de lo que ocurre con las nuevas generaciones, la tecnología, la moda, etc. Muchas veces una pequeña renovación de tu idea inicial puede mantener tu negocio viento en popa por muchos más años.

Conclusión

Espero que estas líneas realmente te hayan motivado a aplicar los pasos analizados para que finalmente puedas encontrar esa idea de negocio que cambie tu vida para siempre.

Pero lo más importante, comienza ahora.

Y se trata de actuar. Porque de lo contrario, todo se puede quedar en una idea y esa es la diferencia entre los que realmente logran lo que desean y los que no.

Actuar.

Asimismo, si aún no has entrado a ver el material complementario, te recomiendo que lo hagas, ya que no solo tendrás acceso a los videos adicionales, sino que también recibirás actualizaciones y material adicional para ayudarte a alcanzar tus objetivos.

Entra ya a:
www.alcanzatussuenos.com/ideas

¡Te deseo mucha suerte en tu nuevo negocio!

Lectura Recomendada:

Libros para mejorar tus finanzas personales:

Ni Un Jefe Más
Autor: Gustavo Adolfo Avila

7 Hábitos Inteligentes de Personas Que se Hicieron Millonarias
Autor: Gustavo Adolfo Avila

Cómo Salir de Deudas Si No tengo Dinero
Autor: David Emmied

Cómo Ahorrar Dinero
Autor: Angel Miquel Pino

Cómo Ganar Mucho Dinero Rápido Con Twitter
Autor: Gustavo Adolfo Avila

Secretos Poderosos para una Administración del Tiempo Efectiva
Autora: Teresa Lundy

Libros de autoayuda y superación personal:

Cómo Vencer El Miedo.
Autor: Elvis D Beuses

Cómo Controlar la Ansiedad y los Ataques de Pánico
Autora: Tisa Ledford

No Puedo Dormir
Autora: Ronna Browning

Cómo Dejar de Fumar
Autora: Yazmin de la Cruz

Cómo Mejorar La Autoestima
Autora: Manuela Escobar

Cómo Superar Una Ruptura Amorosa
Autora: Ronna Browning

Cómo Desarrollar Confianza en Sí Mismo
Autora: Tisa Ledford

Cómo Cambiar Mi Vida
Autora: Teresa Lundy

www.ingramcontent.com/pod-product-compliance
Lightning Source LLC
Chambersburg PA
CBHW030455220526
45464CB00006B/2546